내 마음에 호수가 있어

내 마음에 호수가 있어

남경화 시집

세종출판사

I have a lake in my heart © Gyeonghwa Nam 2024

시인의 말

의미 있는 삶이란 무엇인가를
화두로 던지며 살았던 것 같습니다

그 의미가 시가 되어 마음이 갈피를 잡지 못할 때면
시로써 따뜻한 위로도 하고 삶에 대한 항의 섞인 물음으로
틈틈이 문학지와 동인지에 발표했던
작품들을 모아 첫 시집을 출간하게 되었습니다

하여, 이 책에 실린 글에는
지나간 삶을 돌아보며 느꼈던 감정
누군가에게 들려주고 싶었던 말
당부하고 싶었던 말도 있으며
하루하루 최선을 다해 살아가고 있는 지금, 이 순간
우울하고 답답할 때, 책 속의 한 문장이
혹여, 누군가에게 위로가 되고 응원이 되기를

남경화

차례

시인의 말 · 5

**1부
그래야만 길이 보입니다**

희망 · 17
사람들은 저마다 · 18
매듭을 지으며 · 19
그래야만 길이 보입니다 · 20
아낌없이 베어버린 나무 · 21
체념 · 22
나의 신념 · 23
선택 · 24
그러한 거죠 · 26
사고방식 · 27
아침 · 28
집착 · 29
숨겨진 세상 · 30
여름 단상 · 31

유령도시 · 32

임종臨終 · 33

나만의 노래 · 34

위성추적 장치가 달리기 전에는 · 35

고장 난 시계 · 36

질문 · 37

시작詩作 · 38

2부
살다 보면 그런 날이 있나 봅니다

어느 봄날에 · 41

봄 마중 · 42

앵무새 · 43

너도 그러니 · 44

눈물 · 45

큰일이야 · 46

나비 한 마리 · 47

두려움 · 48

갈등 · 49

그런 날이 있나 봅니다 · 50

감정의 선 · 51

가뭄 · 52

지구별에 온 천사 · 53

먼산바라기 · 54

폭풍우 치는 날에 · 55

지금, 나는 · 56

위로 · 57

6월의 노래 · 58

하늘소 한 마리 · 59

담쟁이 · 60

3부
이제는 알 듯합니다

내 마음에 호수가 있어 · 63

하필이면 · 64

이제는 알 듯합니다 · 65

너는 아니 · 66

어른과 아이 · 67

질투 · 68

공감 · 69

강아지풀과 민들레 · 70

아무도 몰라, 그것을 몰라 · 71

나무와 새 · 72

다 알고 있거든 · 73

출근길 · 74

오래도록 고맙도록 · 76

저 물녘 · 77

첫눈 · 78

해무海霧 · 79

살구꽃의 봄 · 80

당신과 나 · 81

노을 · 82

상념의 밤 · 83

그림자 · 84

4부
삶은 우리를 기다려주지 않기에

길이 있었다 · 87

그런 사람이 되고 싶네 · 88

해마다 · 89

생生의 계단 · 90

당신의 딸로 태어나 · 91

원망 · 92

세월 · 93

별 · 94

안부 · 95

일일一日 · 96

그래, 그러자 · 97

삶은 우리를 기다려주지 않기에 · 98

외발자전거 · 99

해와 달 · 100

나무야, 나무야 · 101

집이 하나 있지 · 102

노송 · 103

마음의 산책 · 104

기회 · 105

내 인생의 화양연화 · 106

가을의 기도 · 107

또 다른 나의 길 · 108

평론 • **박미정**(시인 · 문학평론가)
침묵을 통해, 희망을 재건하다 · 109

1부

그래야만
길이 보입니다

희망

나는 이것을 주머니에 넣고 다녔다
비만 오면 쓰러져 우는 풀섶에서도
이것을 놓치지 않았고

번개 치는 들판을 맨발로 지나며
슬픔과 서둘러 작별하고
이것을 만지작거렸지

과거의 상념 속에 빠져
한숨짓는 나를 일깨워
이것을 잃지 않으려 노력하고

불행이 내 등 뒤에 바짝 붙어
깊은 바닷속으로 밀어 넣어도
이것을 움켜쥐고 뛰어들었지

깊이를 알 수 없는 곳에서도
이것은 반딧불이처럼 빛나고 있었다

사람들은 저마다

사람들은 저마다의
강을 건너고 있습니다

큰 강을 고래처럼 춤추며 가는 사람도 있고
좁은 샛강을 발버둥 치며 가는 사람도 있습니다

거칠게 밀려오는 물살이
삶의 무게만큼 느껴져도

밤하늘에 빛나는 별빛을 쫓아
한 걸음 한 걸음 나아가고 있습니다

발아래 풍파가 힘들어도 지나고 보면
견딜 만하다고 서로 위로를 하며

사람들은 저마다
길고 긴 강을 쉼 없이 건너고 있습니다

매듭을 지으며

노리개의 매듭을 지으며
인간관계를 생각하는 중이다

씨줄과 날줄로 공들여
모양을 만드는 것처럼

사람과 사람의 연줄도
잘 맺을 일이다

배배 꼬이지 않게
생각 없이 비틀어 아프지 않게

가시넝쿨처럼 엉킨
가닥들을 매끈하게 매만지며

풀어지지 않도록 잘 지어
둥글게 둥글게 맺을 일이다

그래야만 길이 보입니다

그러니까
그럴 때가 있습니다
어느 길로 갈지 알 수 없을 때
그럴 때는
온 마음을 다해 나를 돌아봐야 합니다
그래야만 길이 보입니다
마음의 문고리는 안에만 달려서
밖에서는 아무도 열지 못합니다
답은 내 안에 있으므로
내가 걸어온 길들을 돌아보며
스스로 찾을 수 있어야 합니다
멈추지 않고 끝없이 묻다 보면
바닥 모를 깊이에 이르는
그 어느 순간
내가 언제 웃게 되는지 알게 됩니다
살면서 앞이 캄캄할 때는
온 마음을 다해 나를 돌아봐야 합니다
그래야만 온전한 길이 보입니다

아낌없이 베어버린 나무

강요할 수 없는 삶이
저 깊은 곳에 뿌리를 내리고
어떤 흐름이 멈춘 시간
수십 년 된 나무를 베어
가지 하나 없이 둥치만 남은
참을 수 없는 존재의 가벼움
새들의 노래를 갈망하며
미명未明 속을 헤쳐 나가리

긴 침묵 속에 봄이 오면
그 바람으로 숨으로
가지와 뿌리는 은밀히 만나고
늑골의 통증을 견디며
꽃 피었던 자리 더듬어
어깻죽지 위로, 결린 옆구리 사이로
전 생애를 흔들며
꽃물을 밀어 올려 그 존재를 알린다

체념

담아두지 마라
작은 근심이라도
차곡차곡 쌓아
마음에 담아두면 썩을지니
가슴속 올올이 찢어
저 혼자 삭아지게 하여라

묻어두지 마라
메마른 마음이
파삭파삭 소리를 내어도
마음에 묻어두면
날카로운 돌처럼 비집고 나올지니
물기 잃은 바람처럼 날려 보내라

거두어라
서러운 현의 울림에
겨자씨 같은 눈물 보여도
연민을 느끼지 못할지니
남의 슬픔을 쪼아 먹듯
긴 침묵만 있을 것이다

나의 신념

삶의 여울목에서

있는 그대로의

나를 받아들이고

흩뿌려진 마음 끌어모아

끝없는 담금질로

생의 날갯짓을 멈추지 않는 것

휘어지고 꺾어지는

저 여울의 소용돌이에

새파랗게 질려도

도도히 흘러가는 물처럼

유연하게 즐겨 볼 일이다

선택

내가,

어디를 보느냐에 따라
길이 달라집니다

자갈길을 보면
자갈길을 걷게 될 것이고

모랫길을 보면
모랫길을 걷게 될 것입니다

자갈길이라고
험난한 길만 있는 것도

모랫길이라고
평탄할 수도 없겠지만

선택한 길을
묵묵히 가다 보면

자갈길이 모랫길이 되기도
모랫길이 자갈길이 되기도 합니다

그러니 쫄지 마십시오

그러한 거죠

그러한가요
내가 그러하니 그러한가요

그러한 거죠
내가 그러하기에 그러한 거죠

아닌가요
내가 아니라면 아닌가요

아닌 거죠
내가 아니어도 그런 거죠

그렇죠
내가 그렇다고 하면 그러한 거죠

사고방식

우주의 모든 존재는
하나라고 하는데
나는 나이고
너는 너의 논리
나는 네가 될 수 없고
너도 내가 될 수 없기에
나는 너를 인정하지 않고
너도 나를 존중하지 않는다
이분법적인 사고에
긍정도 부정도 할 수 없지만
복잡한 세상 속에
소통이라는 합을 넣으면
답이 있지 않을까

아침

어둠 저편에서
안개의 덧문을 지나,
자리바꿈하기 위한
두근거림으로
동그란 웃음을 하늘에 띄우고

잠이 들깬 흙을 어루만지며
땅 위의 모든 것들
불꽃처럼 깨우려
멀리서 걸어오면
새들이 이른 마중을 나간다

집착

길고 짧음을 재어
거리를 유지하고

굵고 가늚도 따져
간격을 유지하며

주는 것과 받는 것
사이의 틈을 찾아

나누어 준 자를 괴롭히고
베풀어 준 것을 상실하며

자신의 올가미에 갇혀
정당성을 외친다

충만함이 금방 지루해지는
빈약한 자들의 습성처럼

아집의 욕망에서 깨어나
자유로운 영혼이 되기를

숨겨진 세상

시인의 눈으로 세상을 보면
어두운 면을 보게 됩니다

사물의 깊은 내면을 보아야 하는
고귀한 의무이기 때문입니다

시냇물이 어둠 속에 웅크리고 있을 때
성큼성큼 걸어가는
달빛의 그림자를 볼 줄 알아야 하고

꾸벅꾸벅 졸면서 주인을 기다리는
빈집의 사연을 들을 줄 알아야 합니다

바람에 끌려가는 낙엽의 비명도
끌고 가는 바람의 속내도 알아차려야 합니다

세상에 뿌려진 시詩앗을 찾기 위해
마음을 활짝 열면
숨겨진 세상을 볼 수 있습니다

여름 단상

매미 한 마리가 찾아와
휴일 아침을
흔들어 깨웠습니다

풀밭에 뛰어놀던
동심을 깨워
쪼르르 달려갔더니

목청이 찢어지게 울던 매미
지레 겁먹고 한순간에
날아가 버렸습니다

뛰어도 뛰어도 사라지지 않는 동심
하늘에 떠 있는 흰 구름만
소리도 없이 웃고 있었습니다

유령도시

거리의 인파들 속에
밀려다니노라면
모두가 마법사처럼 보여
검은 고깔모자를 쓰고
빗자루를 코트 속에 숨기고
하늘을 날아갈 것 같은
그래서
나도 하늘을 날아갈 것만 같은
착각 속에
유령도시를 걷고 오곤 하지

거리의 인파들 속에
밀려다니노라면
모두가 마법사처럼 보여
어둠 속에서 튀어나와
새처럼 수다를 떨다가
회전문 속으로 빨려들어 갈 것 같은
그래서
나도 흔적도 없이 사라져 버릴 것 같은
착각 속에
유령도시를 걷고 오곤 하지

임종臨終

삶의 전쟁 속에
총칼 없이 대응해야 했던
그 싸움은 얼마나 치열했을까

익어가는 세월에
녹아들어
힘들다 힘들다 하며
한세상 살았겠지요

먼 먼 기억의 늪 속에
숨 가쁜 날
무릎걸음으로 기어 다니다가

연약한 꽃처럼
한순간에 꺾여

별이 되어
고단한 얼굴을 문지르고 계시는지요

나만의 노래

가슴 먹먹한 날들이
똬리를 틀어 괴롭힐 때면
괜찮다
괜찮다
나만 들을 수 있는 노래를 읊조립니다

휘젓는 바람 소리에
쓸쓸함의 잔해가 남아 괴롭힐 때면
괜찮다
괜찮다
나만 들을 수 있는 노래를 읊조립니다

일상의 노곤함이
메마른 장작처럼 느껴질 때면
괜찮다
괜찮다
나만 들을 수 있는 노래를 읊조립니다

삶이 힘들 때
괜찮다
괜찮다
기도문처럼 읊조리는 나만의 노래

위성추적 장치가 달리기 전에는

사람들은 매일 물었다

정해진 길로만 가고 있는데
어디를 가는지 묻고

우연히 마주치면
손을 들어 세우며 묻고

돌아오는 길에는
헐레벌떡 뛰어오면서 물었다

늦게 오면
발을 동동거리고

안 오면 올 때까지
목을 빼고 기다렸다

버스가
위성추적 장치가 달리기 전에는

고장 난 시계

쉼 없이 흘러가는
어느 귀퉁이에
잠시 멈춰 서서
이제 말하련다. 보아라

그저 위태위태하게
앞으로 나아가는
방법밖에 몰라
자학하며 걸었으나
힘으로 끌고 가기가
이제 버겁기만 하구나

한 바퀴씩 돌 때마다
목에 열두 개의 종을 달고
어찔한 경계를 지나오는 것을
내가 나를 짊어지고
가는 것 같아서
쉬어가려니 강요하지 말라

질문

사람들은
꽃길만 걸으라고 하는데
과연
꽃길만 걷는 게 가능할까요
누구도
대답할 수 없을 것 같은
질문
넌지시 알려주고 싶은 것은

그럼에도 불구하고……
그럼에도 불구하고……

살아야 한다
그 이유는……
거기서 침묵

시작 詩作

머릿속 시어들로
가득 차 헤아리는 밤

단어를 낚아채어
한 음절 두 음절

구절의 의미를 선별하여
문장으로 엮으면

난해한 글이 튀어나와
다른 언어로 옷을 갈아입히고

구석에 웅크린 글들을
여기, 저기 옮기며

며칠을 밤새우느라
글자들이 피곤함에 젖어 있다

날 선 물음표를 품고
세상으로 나가기 위한

퇴고의 시간이 길기만 하구나

2부

살다 보면 그런 날이 있나 봅니다

어느 봄날에

벚꽃이 눈발처럼 휘날리던 날
개미 한 마리가 원치 않은 동행을 했습니다
초행길의 낯섦으로 하얀 자동차 위를
어지럽게 돌아다니더니
겁 없이 운전대 앞 유리로 기어 올라왔습니다
도시의 한복판을 달리고 있던 위태로운 상황에
솜털처럼 가벼운 생명을 살려보겠다고
브레이크에 발을 옮겨 보았지만
세상일이 어디 마음대로 되지는 않지요
눈 깜짝할 사이에 사라져 버린 허무함으로
차 안의 공기는 무거운데
벚꽃은 얄밉도록 아름답게 흩날리더이다
세상사 다 그런 거겠지요?

봄 마중

따스한 햇살에
포근함을 느껴

뒷짐 지고
마실 갔더니

담장 모퉁이에서
들려오는 무언의 속삭임

나지막이 몸을 숙여
귀를 쫑긋 세워보니

새싹들이 주뼛주뼛
겨울을 밀어내고 있었다

이제 곧 오려나 보다

기다리던 봄이
내 앞에 오려나 보다

앵무새

새장에 문이 열리면

깃털을 다듬은 앵무새

단조로운 노래를 한다

한 음 한 음

같은 음을 반복하며

시계추처럼 익숙한

감사의 노래를

무한 반복 중이다

너도 그러니

해가 목메어 넘어가고
어둠이 발끝까지 내려오면
끝 모를 쓸쓸함
뼛속까지 파고들지

가끔은
엄숙하게 감당하고
때론
운명처럼 순응하고

볼품없는 꼴의
가슴을 열어
하얀 성에처럼
얼어붙은 나약한 마음을
벅벅 긁어내기도 해

너도 그러니

눈물

피처럼 붉지도
얼음처럼 차갑지도 않은

뜨거운 그것

더러는 낯선 한바다에
부초처럼 떠 있는 것 같아도

입술을 깨물며
삼키고 있는 것은

그것을 쏟아 놓으면

풀 한 포기 꽃 한 송이도
달가워하지 않는

짜고 쓴내 나는 빗방울 되어
의미 없이 흩날리기 때문입니다

큰일이야

세상에는 큰일들이 너무 많아

작은 파도가
철썩 때리는 소리에도
가슴이 쿵 하고 내려앉는 것처럼

흐르는 물살에
쏜살같이 달려가는 시간이
눈에 보이는 것처럼

낙엽이 다 포기한 듯
길바닥에 누울 때
몸을 부르르 떠는 것처럼

어둠이 우뚝 서 있는
엉킨 선로에서
세월 가는 소리를 들을 때에도

끊임없는 큰일들 속에
우리는 돌처럼 굴러가고 있다

나비 한 마리

나비 한 마리가 길에 누워있군요
그처럼 가여울 수가 없었습니다
입 다물고 눈 꾹 감고
발 오므리고 날개 접어
가볍게 잠든 것 같았습니다
왔다가 가는 것,
그것이 세상의 방식이지만
사람들의 발에 눌려
사라질 것 같아서
길모퉁이 꽃밭에
살포시 올려두었더니
바람이 지나가다 말고
조그만 인사를 하는지
한참을 떨고 있었습니다

두려움

시간의 물결 속에
수만 번의 바람이 스치고

해결되지 않는 번뇌가
목적지 없는 곳으로 데려가면

땅속에 아둔한 벌레처럼
알 길 없는 어둠을

힘겹게 힘겹게 밀어내어도
알 수 없는 두려움만

어디서 얽혀 버렸는지
마음이 갈피를 못 잡고

절벽 끝에서 꺼져가는
등불처럼 깜박거린다

갈등

그것은
마치 좀도둑처럼

저만치 숨어서
기회를 엿보다가

유연한 마음을 잃고
비밀스러운 격투가 시작되면

한 걸음 한 걸음
탓을 하면서 다가온다

관계에 금을 긋고
서먹해진 마음을 둘로 쪼개버리면

그제야 오래전부터 가까이에
있었음을 알아차린다

불신이 깊어지면
예전으로 되돌리기가 쉽지 않다

그런 날이 있나 봅니다

저녁 어스름, 한기가
스멀스멀 헤집고 들어올 때면
가슴 한구석이 알싸하니
사념들로 시름을 앓고

하루 끝에 길어진 목을
힘겹게 치켜들면
삐걱거리는 뼈마디 사이로
눈치 없는 바람 무시로 드나드는데

마음 한구석에 묻으려 애를 써도
개운치 않은 일과들
살얼음처럼 위태로웠던
가슴 서늘한 날

살다 보면
그런 날이 있나 봅니다

감정의 선

두 눈을 치켜세워
날카로운 독설을
쉼 없이 쏟아내면

살쾡이처럼 예민해져
움켜쥔 주먹을 숨기고

감정의 농도를 조절하느라
꽃가루같이 보드라운 마음이

인내의 경계를 넘어
한계선을 오르내린다

몸속에 전류처럼 흐르고 있는
감정의 선

뇌동하지 않는
감정의 깊이가 궁금하다

가뭄

밑천이 바닥난 장사꾼처럼
맥없이 주저앉아

벼락이라도 때려주기를
빽빽 소리를 질러도

해맑은 질투의 여신은
이유 없는 귀 막음이다

시름시름 앓는
빈곤의 목마름

고사시키려는 속셈
이미 알고 있지만

귀먹은 하늘을 향해
외치는 간절한 기도

비나이다
비나이다

지구별에 온 천사

천사의 날개를 달고
낯선 지구별에 온 아이는
지구의 자전을 견디고 있나 보다

작디작은 아이가
걸음마를 하느라
뒤뚱뒤뚱 앞으로 나아간다

전동기가 달린 지구처럼
우주를 꿈꾸며
지구도 달리고 아이도 달리고

23.5도 기울기를 견디며
중심을 잡는 중이다

먼산바라기

숨차게 달려온
길의 끄트머리
눈에 보이는 것 하나 없고
귀에 들리는 것 하나 없는
우주 공간의 진공상태인 듯

보려고 하지 않고
들으려고도 하지 않는
먼산바라기
공허한 마음이
우주의 파편이 되어 둥둥 떠다닌다

폭풍우 치는 날에

두두두 두두두
긴장감이 감도는 창밖은 전쟁이다

은빛 물결 반짝이던 바다 위로
장대비가 백만 대군을 내려보내면

바다는 큰 아가리를
치켜세워 죽일 기세로 몰려온다

제 슬픔의 무게를 감당하지 못해
웅크린 울음으로 범람은 깊어지고

천둥소리에 으르렁거리고
번갯불에 눈이 멀어

도시를 흔들고
숲을 흔들며

퍼렇게 멍이 들어
서걱거리는 모래 위에

하얀 거품을 물어
긴 토악질로 수많은 무덤을 만든다

지금, 나는

움푹 파인 삶처럼
깊어진 눈으로
보고 싶은 것만 보고

세상살이가 무서워
가려진 입으로
하고 싶은 말만 하며

신열에 걸리지 않으려는 노력이
긍정론자이게 만들지만

끊임없이 발악하는
바이러스의 소멸을 갈구하다가

지치고
지치고
지쳐서

객기를 부리고 싶어지는
지금, 나

위로

축 처진 어깨를
다독여 주는 것조차

무겁게 생각할 것 같아서
토닥이지도 못하고

어쭙잖게
나란히 앉았다가

그래도, 뭐라도
해야 할 것 같아서

세상에서 제일
어려운 말을 꺼내려고

머뭇머뭇하다가

달리 할 말이 없어
아픔 가득한 심장 소리만 듣고 있네

6월의 노래

파스텔 물감으로
은은하게 밑그림을 그리듯
살아 움직이는 꿈틀거림

어딘가 먼 곳에서
느긋하게 노닐다가

오래된 약속처럼
나의 마음을 열어 놀라게 하는

초록의 감성이 파르르 떨리면
들려오는 6월의 싱그러운 노래

하늘소 한 마리

버스 유리창 틀 사이에
하늘소 한 마리가 길을 찾고 있었다
무슨 이유로 버스를 타게 되었는지 알 수 없지만
오가는 모습에 눈을 뗄 수가 없었다
가끔은 머리를 휘저으며
어딘지 확인하듯 살펴보기도 하고
엉거주춤 망설이다가 문틈에 주저앉는다
그냥 두자니 죽을 것 같고
데려가자니 무섭기도 하고
선악의 경계를 넘나들고 있는데
어찌 된 일인지 움직이지를 않는다
내가 행하려는 행동을 짐작한 것인지
꼼짝도 하지 않고 앉아 있는 것이다
용기를 내어 손에 쥐고 있던
비닐봉지에 재빠르게 잡아넣고는
아파트 뒷산에 이불 털듯이 탈탈 털었다
풀밭 어딘가에 정신없이 떨어져
새 보금자리를 찾아가리라 믿으며
내가 행한 행동이 악이 아니었기를

담쟁이

저것은 벽
보잘것없는 벽이라고 우리가 느낄 때
그때
담쟁이는 말없이 그 벽을 오른다
벽이 살아남을 수 없다고
그것은 절망이라고 말할 때
담쟁이는 한 뼘의 양보도 없이
푸른 욕망을 향하여 앞으로 나아간다
상황에 따라 방향을 바꾸며
더 높이 여럿이 함께 손을 잡고 올라간다
금 간 벽이 울지 못하게
담쟁이 하나가 팔랑거리는 잎 수천 개를 이끌고
끈질기게 그 끝을 향하여

3부

이제는
알 듯합니다

내 마음에 호수가 있어

내 마음에 호수가 있어
푸르고 깊은 호수가 있어

가장 먼 데서 온 새에게
그의 안부를 물었지

해답을 구하기 위해 떠난
가벼운 영혼의 안부를

불생불멸不生不滅 소멸로 깊어지는 곳
그곳은 침묵만 흘렀지

생의 지붕을 닫고
입으로 별들의 불을 끄고 잠드는

어떤 계절의 중력도 거부하는
봉인된 가슴속에 찰랑거리는 호수가 있지

하필이면

가던 길 멈춰 서서
낯선 풍경에 가만히 눈을 준다

부러진 나뭇가지를 물고
외줄 타듯 오르내리는 까치 부부

하필이면 대로변의
가로수 꼭대기에 집을 짓는지

이제 난 안다
삶이 계획대로 되지 않는다는 것을

경솔함을 깨닫고
더 많은 경험이 필요할 때가 있다는 것을

자연의 섭리를 거스를 수 없지만
초록의 숲으로 옮겨주고 싶은

간절함으로 둥지를
바라보는 마음이 뻐근하다

이제는 알 듯합니다

꽃처럼 피어나
시들지 않기를 원하지만

세상을 덮던 하얀 욕망이
굽은 등에 켜켜이 쌓여

한 생애가 되어버린
집 앞의 느티나무

여윈 가지 끝에
빛바랜 잎새들을 흔들며

한세상 굽이진 삶을
오고 가는 사람들에게

속살거리는 이유를
이제는 알 듯합니다

나는 알 듯합니다

너는 아니

너는 아니

내 마음이 그런다

너 참 괜찮다고

반짝임은 없지만

별처럼 빛나 보이고

바다같이 깊고

하늘처럼 넓고 넓은

내 마음이 그런다

너 참 괜찮다고

보면 볼수록

너 참 괜찮다고

어른과 아이

아이는 어른의 말에
꼰대라는 꼬리표를 달아
'왜 저러지'를 반복하고

어른은 아이의 말에
축적된 경험으로
'왜 그래'만 반복한다

아이가 성인이 되어
어른의 말을
문득문득 되새기며
'왜 그랬을까'를 반복하고

어른은 노인이 되어
오래된 것들 속에 무디어져
딱딱한 가슴으로
'그래그래'만 반복한다

질투

알아요
알아
왜 그런지
알면서 말을 못하죠

알아요
알아
왜 그런지
알면서 모른 척하죠

알아요
알아
왜 그런지
알면서 그러고 있죠

알아요
알아
다 알면서
나는 또 그러죠

공감

아마도 그랬을 게야
아무렴 너니까 그랬을 게야

그게, 너니까
그럴 수 있었던 게야

맞아, 너와 나는
그래서 가능했던 게야

또 언제까지나
그럴 수 있을 거야

언제인지는 모르겠지만
함께 할 수 있는 그 언제까지

강아지풀과 민들레

돌 틈 사이 홀로 핀 민들레
길섶에 무성한 강아지풀을 보며

"난 혼자라서 외로운데
너는 옹기종기 모여 있어 좋겠구나." 하자

강아지풀이 고개를 갸우뚱거리며 소리쳤다

"무슨 소리, 이렇게 하나로 엮여있어 귀찮아
내 마음대로 할 수 있는 게 한계가 있어
많은 것을 포기하고 살아야 하거든."

쓸쓸하게 바라보던 민들레는

"각자의 아픔이 다 있구나" 하며
홀씨들을 하늘 높이 날려 보냈다

아무도 몰라, 그것을 몰라

오락가락하는 세상살이에
마음이 콩처럼 볶이면
냄비보다 더 빨갛게 달아올라
불붙은 도깨비처럼
머리채를 흔들며
진저리를 치는지
아무도 몰라, 그것을 몰라

아무렇지 않은 척
여린 마음이 견뎌내야 할
일들은 또 얼마나 많았었는지
통통 튀는 마음
까맣게 태우지 않게
이 세상을 날뛰며 살아왔는지
아무도 몰라, 그것을 몰라

나무와 새

숨이 답답하도록
햇빛이 내리누르면

새는 나무를 맴돌아
가지 끝에 앉았다가
기둥에 귀 기울여
심장 소리 듣는다

어디선가 불어오는
맑은 바람은
풀잎을 살랑거려
현의 소리를 내고

새는 응석받이 아이처럼
찌르르 울어보지만
나무는 먼 산만 바라본다

새소리 바람에 나뒹굴어
요리 재재재 조리 쓸쓸쓸

다 알고 있거든

눈을 감지 않아도
아득히 먼 곳에 있어도
어느 즈음 네가 있는지
나는 다 알고 있거든

눈을 감지 않아도
네 발소리 들리지 않아도
어디 즈음 네가 있을지
나는 다 알고 있거든

눈을 감지 않아도
너를 찾지 않아도
언제 즈음 네가 올 건지
나는 다 알고 있거든

나는 다 알고 있거든

출근길

삶이란 늘 마음을
설레게 하는 것도 아니고
햇살처럼 뻐기고
살 수 있는 것도 아닌데
빙판처럼 차가운
버스 의자에 앉아
차창 밖의 다른 삶은
새처럼 가벼워 보이는 출근길

세상에 지는 것이 싫어서
어떤 날은 상처를 감추고
어떤 날은 눈물을 쏙 빼며
어깨에 짐이 무거워
주저앉아 흔드는 손이
보도블록 틈에 핀
한 송이 민들레 같아서
알고도 애써 모른 척
밀어내곤 했었다

서둘러 하루를 보내고
서둘러 하루를 맞이하며
온갖 일들로 종종댄 날들
오래 묵은 은행나무 잎처럼
노랗게 저무는 마음이라니
삶의 덧없음과
부질없음을 일깨우듯
도로의 먼지 속에
세월이 뽀얗게 쌓여 있구나

오래도록 고맙도록

아마, 덩굴나무 담장이었지
비가, 연한 녹색의 비가
아니, 푸른 하늘빛을 따라
그래, 그리움의 꿈처럼
그저, 기어오르며 엮어 올린
사랑, 추억이 깃든 그곳에
그리, 바람이 훑고 지나가면
문득, 지금은 곁에 없는 네가
혼자, 비를 맞고 있을 것 같아서
나는, 또닥거리는 빗소리에
마치, 풀벌레처럼 더듬이를 세우고
그냥, 서성이고 있는 거야
비가, 그 비가 오면

저 물 녘

어스름이 살을 푸는 저 물 녘
무거운 몸으로
집으로 돌아가는 길

아무런 생각도 없이 생각이 깊어지고
숨을 깊이 쉬면 마음도 깊어지는

고요 속의 아우성
떠들며 지나가는 사람들 사이로
들린다, 속내를 감추며 보낸 마음이

나뭇잎들이 흔들리고
가지들이 흔들리고

길에 이 악물고 서서
스스로 버티는 법을 고뇌하는
그림자만 묵묵히 서 있을 뿐

흔들렸던 모든 것 사이로
꾸역꾸역 밀려오는 적막감

첫눈

눈발이 성성한
새벽의 수런거림에
유령처럼 엎어져 있는
가난한 당나귀를 보며
나는 어쩔 줄을 모르고

꽁꽁 얼어붙은
나의 흰 당나귀를 깨우려
발을 동동거리며
백석의 나타샤를 읊조려 본다

눈은 푹푹 나리고……

여명은 어둠을 먹고
황금빛 눈을 뜨건만
가슴에 돌 하나
툭

느닷없이 밀려오는 상실감
그것은 바로 동심이었다

해무 海霧

수면 위로 바람이 물결치고
구름 속 신령들 줄줄이 내려오면
눈앞의 세상 사물이 오간 데 없구나

닿을 수 없는 곳
그곳에 신선들이 줄지어 섰다가
속세에 잠시 머물다 가는지 끝이 뵈지 않더라

무지개 옷을 입고
잔잔한 물안개 속으로 걸어 들어가
나도 풍경으로 지워지고 싶구나

살구꽃의 봄

신록이 움터오는
산을 넘어

곱디고운 햇살로
내게 오시렵니까

하늘하늘 춤을 추며
빨리 오라 보채보지만

샛길로 솔솔 불어오던
바람 끝에 찬 기운이

당신의 마음 같아서
얼굴이 발그레 붉어집니다

당신과 나

당신은 나무
나는 꽃이면 좋겠습니다

풀빛 아스라한 언덕에
오도카니 서서

잠자리 날개 같은 햇살의
바스락거리는 소리를 들으며

하늘 끝에서 피어나는 조각구름과
서산에 걸리는 붉은 노을을 보며

미소 지을 수 있는

당신이라는 나무에
기대어 사는
나는 작은 꽃이면 좋겠습니다

노을

여기저기 치열했던 시간이
어스레하게 내려앉으면
수많은 환영幻影이
실개천처럼 누운 채
어둠을 기다리고

노을은
노쇠한 꽃처럼
가녀린 숨을 내쉬며
커다란 저녁별을
느직느직 들어 올린다

적적히

상념의 밤

달이 자라난 고요한 밤에
매료되어 있노라니
그것도 쉼이라,

시름이 포르르 깃들어
어둠이 충충하다

달빛 속을 걷는
게으른 거미처럼
칠흑의 늪으로 빠져드는데

불덩이 같은 보름달은
저 먼 밤을 향해

창백한 빛을 던지며
대낮을 갈망하고 있다

그림자

흐릿한 등불 아래
세상을 더듬다가

고단한 나보다 먼저
바닥에 몸 누이고

거친 숨소리로
까칠까칠한 바늘을 세워도

어둠을 휘감으며
소리 없이 뒤척이다가

삶 속에 녹아들어
불빛 아래 풀잎처럼 살아 있다

4부

삶은 우리를
기다려주지 않기에

길이 있었다

길이 있었다
돌이켜 보면 딱히 그 길 외에
다른 길이 없었다
보이지 않던 길은
겁에 질려 웅크려 있고
드러난 길은 돌부리에 엎어져
뒷걸음치며 비껴갔었다
서로 닿을 듯 말 듯
왔다가 돌아서서
같은 듯 같지 않은 길들이
나무뿌리처럼 뻗어나가
바다만큼의 넓이와
하늘만큼의 넓이로
나란히 누워있는 길
머물렀던 길도 비껴갔던 길도
아름답지는 않아
멀리 두고 보듯 시선을 돌리면
길이 고개를 저었다
이제 푸른 들판으로 가자고

그런 사람이 되고 싶네

비처럼 차갑지 않게
바람처럼 매섭지 않게
달빛처럼 온아하게
바르게 보고 듣고
욕심도 없이 베풀며
선함을 잃지 않도록
어려운 가족 있으면
찾아가 돌봐 주고
고달픈 친구 있으면
가서 보듬어 주며
난관이 닥쳐 허둥대면
근심도 들어주는
그런 사람이 되고 싶네
나는
그런 사람이 되고 싶네

해마다

나는 달린다
해마다 다시 시작하기 위해
달린다. 어디론가
그리고 또 달린다

고독한 전사戰士가 되어
미래라는 열매를 찾아
심장이 침묵하지 않게

거기에는 형체 없는
무언가가 있으니까
아아, 그걸 본 적은 없지

어쩌면 겁에 질려 있었는지도
그러나 감지할 수는 있었지
주저앉으면 안 된다는 것을

나는 달린다
끝없이
끝없이

생生의 계단

오르는 것을
포기하면
꺾어진 계단이
절망으로 보이고

용기를 내어
도전하면
높은 계단이
희망의 사다리로 보인다

당신의 딸로 태어나

세상이라는 넓은 바다에
당신의 딸로 태어나
가시밭길 같은 삶을 살라
강요한 적 없건만
지천명의 나이가 되어 보니
삶은 별반 다르지 않습니다
고통 없는 삶은 죽음이라고 했던가요
불안한 미래의 이불을 덮고 자는
자식의 모습을 보며
속으로 앓으시다가
헛헛한 웃음을 길 위에
뿌리고 다니셨겠지요
그 마음을 이제야 헤아리며
여행을 가듯 훌쩍 떠나서
돌아오지 않는 빈자리를 기웃거려 봅니다
새벽부터 길을 나서 걸었던 그 길을
오고 가며 닿으려 해도 닿지 않으니
제 마음을 전할 수만 있다면
그것은 아마도……

원망

세월을 거스르며
답답한 가슴속을
손으로 벅벅긁어
헤집어 꺼내어도
난제의 해결책을
찾을수 없는것을
지나간 시간들을
거꾸로 돌려놓고
깜깜한 어둠속에
비수를 꽂고사는
비통한 마음이야
모르진 않겠지만
서럽게 원망해도
돌리지 못하거늘
가슴속 아우성을
이제는 거두시게

세월

눈 깜짝할 새를
셀 수 없이 날려 보내고
엊그제 같은 날들을
수없이 지내며

불꽃같은 삶 속에
열중하고 있다가
반항할 수 없는 시간이 오면
그 앞에서 고개를 숙이지

이마에 늘어나는 주름을 보며
열망도 식고
희망의 불씨도 점점 줄어들어

긴 여정을 함께한 그가
옆에 바짝 붙어 팔짱을 끼는
생의 가을 녘에는 한없이 겸손해지지

별

너는 머언 그리움으로 반짝이고
나는 찬란히 빛나는 너에게 갈 수 없었다

너는 일엽편주처럼 외로워 보였고
나는 검은 바다를 질러가는 조각배 같았다

너는 떠나지 않는 자의 등불처럼 수많은 빛을 던지고
나는 가시처럼 날카로운 너를 우러러보았다

너는 하늘의 반딧불이며 축복이었고
나는 어둠이며 밤이었다

너는 잠결에도 깨어 있는 눈으로 걸어오고
나는 잠들지 못하는 너에게 다정한 꿈을 덮는다

안부

시린 칼바람이
목 언저리에서
숨소리마저 얼어붙게 할 때
너의 안부가 궁금하였다

그리움에 피는 꽃처럼
웅크려 떨고 있는 것은 아닌지
내 근심으로 밤잠 설치던
마음은 기우였나 보다

휘몰아치던 난폭함은
물결처럼 잔잔하고
내 방 가득 창백해진 햇볕이
이죽거리며 기웃대고 있으니

맵싸하던 바람 끝에
애잔한 마음 담아 보내나니
네가 받거든,
잘 있다고 해주려무나

까닭 모를 슬픔에
핑그르르 눈물이 돈다

일일—日

오늘 한 일을 내일도
그 자리에서 그 일을
어김없이 하며 익숙해지는 것

그 지겨움을
즐기면서 할 수 있어야 한다

무자비하고 사납고
소란스러운 날도 있지만

보이지 않는 막막함
그 막막함의 끝에
진짜 내 삶이 있는 것처럼

쉴 새 없이 헤매다 보면
알 듯 말 듯 한 두려움 너머에

가 닿을 내일이 있다고

그러나 오지도 않는 내일을 위해
고민하고, 지레 슬퍼하지는 말자고

그래, 그러자

그랬겠다

그랬겠구나

그래서

너, 참 그랬겠구나

그런데

이제는 그렇지

이제는 다 그렇게 된 거지

그렇지

그래, 그러자

그래, 이제 우리 그러자

삶은 우리를 기다려주지 않기에

톡톡 튀는 삶 속에
불꽃처럼 타올라

말로 표현할 수 없는
중요한 것들을

돌아볼 틈조차 없이
놓치고 산다면

새롭고 놀라운 자연의
아름다움을 눈여겨보기를

날마다 벌어지는 사소한 기쁨에
지친 몸을 추스르고

거창한 쾌락이 아닌
소소한 즐거움을 찾기를

삶은 우리를
기다려주지 않기에

외발자전거

딱히 볼품없이 낡고
내세울 것 없이 초라하여도
훗날 누군가에게
버텨온 것만으로 위로가 되는 일

묵묵히 바람과
맞서는 사소한 일도
훗날 누군가에게
삶을 지탱하는 작은 힘이 되는 일

넘어지고 또 넘어져도
땅을 딛고 우뚝 일어서는 것이
훗날 누군가의
새로운 도전에 용기를 주는 일

그토록
온몸 다해 버텨내는 일

해와 달

해는 달을 품어 가려고
걸음걸음마다 장밋빛 먹을 찍고

달은 작열하는 태양의
눈초리를 비웃듯 잿빛 어스름으로 하늘을 물들인다

해는 하늘을 열어
축축한 산을 일으켜 세우고

달은 천공天쭞을 떠돌며
숨죽인 밤을 지켜내고 있다

해가 빨갛게 익어가면
달이 느림보 걸음으로 차오르듯

우리의 인생도
해와 달처럼 뜨고 지기를 반복하는 것이다

나무야, 나무야

세월을 짊어지고
근심과 걱정으로
꿈꾸던 세포들이 굳어져

내세울 것 없는 뿌리를
돌투성이 흙 속에 묻고

어둠이 온몸을 휘감아도
적막한 고독을 이겨낼 수 있기를

살아있는 모든 것들이
아픔 속에서 때를 기다리듯

신록의 다정한 몸짓을 갈망하며
희망을 잃지 않기를

집이 하나 있지

내 기억의 끝에 집이 하나 있지
그곳으로 가는 길은
따스한 어머니의 품처럼
설렘으로 가득하고
휘어진 논두렁 길 따라 걷다 보면
은은한 탱자 향기로 가득한 집이 하나 있지

아궁이 잔불 속에 묻어둔 고구마를 꺼내
검은 재를 살살 털어 주시던
할아버지의 넉넉한 웃음이 있고
반질거리는 가마솥에
불을 지피는 등 굽은 할머니가 있지

논두렁에 풀어놓은
닭들의 알을 찾느라 허둥대는 나와
해거름에 닭장으로 쫓겨가는
닭들의 울음소리가 요란한 집이 하나 있지

어렴풋이 움트는 기억 끝에
밥 짓는 굴뚝 연기처럼
내 마음에 아련하게
피어오르는 집이 하나 있지

노송

발톱을 다듬지 않은
절벽 끝

오래된 나무속에
서 있는 오래된 영혼

백 리 밖에서 불어오는
해풍이 통증으로 흔들어도

이것이 삶이라는 듯

절벽을 물어뜯고 있는
파도만 내려다보고 있다

경사를 딛고
일어서고 싶은 건지

허공을 날지 못해
안타까운 건지

마음의 산책

마음이 공허한 날이면
채워지지 않는
그 무언가를 찾아
책 속에서
마주하는 현자들

세상사에 거리를 두며
본능이나 감정에
휩쓸리지 아니하고
깨달음에 도달하라는
말씀이 폐부 깊숙이 박힌다

세상살이에 지친
스산한 마음 끝에
살아서 피어나는 문장들
내면을 든든하게 채워
영혼을 배부르게 하리라

기회

예측할 수 없는
불확실성을 안고
지금, 기다리는 중입니다

저 어디에선가
시간을 쓰다듬으며
움 돋고 있을 것 같아서

그 언젠가
낯선 손님처럼
친숙한 인사를 건네며
찾아올 것 같아서

소망과 기원을 안고
우리는, 기다리는 중입니다

내 인생의 화양연화

부모가 되면 자식을 잘 키우는 일이 숙명이 된다
삶의 시곗바늘은 오직 자식만을 위해 돌아가고
사랑이라는 욕심으로 울타리에 가두고
벗어나면 두려움에 조바심이 생긴다
한편으로는 강하게 키워야 한다는 오만으로
윙윙거리는 어둠 속에 세워두고
인격체로 존중해 주지 않을 때도 있다
신념은 독이 되어 나무처럼
뿌리가 썩고 있다는 사실을 깨닫지 못하고
바람에 흔들리는 가지만 보고 불안해한다
자식은 성장통을 겪으며
나이테를 단단하게 만들고 있지만 품 안에서는 보이지 않는다
하지만, 전전긍긍하지 않고 믿고 기다려주면
어느새 내 키보다 더 큰 나무가 되어
가끔은 어설프게 그늘이 되어주기도 한다
유한하지 않은 시간을 거슬러 다시 엄마가 된다면
그런 실수를 하지 않을 거란 자책을 하지만
달빛 아래 길어진 그림자를 재어보던 그 시절이
내 인생 최고의 화양연화였다
초승달이 내려다보며 비웃고 있었겠지만

가을의 기도

버리고 버려도
버려지지 않는

마음에 찬 서리가
하얗게 덮으면

시기와 질투의
뿌리가 내려

서릿발이 돋지
않게 하시며

잔잔한 호수처럼
평온하게 하소서

그리하여

가을에는 스스로 부끄럽지 않은
열매가 되기를 소망합니다

또 다른 나의 길

그곳은 어두운 사막이었다
민둥산 모래 언덕을 오르며
앞서간 그들의 발자취를 찾아
홀로 걸어가는 길

나의 지친 숨소리가
거친 모래바람과 부딪힐 때
과거로부터 향유되어 온 선인들이
하늘에서 떨어진
유성처럼 불을 밝히고

그의 영혼이 가슴속에서 자양분이 될 때
솟아오르는 희열의 한가운데
서 있음을 깨닫기도 하고
자발적인 공감과 공명의 감화를 불러일으킨다

나의 의지를 달래고 항복시키며
내면의 마주침을 풀어내는 또 다른 나의 길

| 평론 |

침묵을 통해, 희망을 재건하다

박미정 | 시인·문학평론가

    시인은 언어를 바르게 배치하는 사람이라고 한다. 각각의 고유한 뜻을 지닌 언어를 제대로 배치하는 일은 쉬운 일이 아니라는 것을 시를 쓰는 시간이 많아질수록 실감한다. 배치, 그것은 표현이며, 최고의 완성도를 높이려는 시인의 의지가 된다. 그러므로 한 편의 시 창작에도 언어에 대한 시인의 고뇌가 수반되지 않을 수 없는 것이다.
    남경화 시인의 첫 번째 시집 『내 마음에 호수가 있어』를 발간했다. 그의 시에는 여성적인 섬세한 기교와 자아에 대한 성찰의 자세를 형성하고 있는 것으로 보인다. 이러한 태도는 내부로부터 처절하게 발산되는 자기의 모색이다. 그 모색이 용해되었을 때 시인은 동경보다 새로운 모습의 탄생에서 발현되는 길을 걷고자 하는 인식을 천명한다. 또한 시인의 내부에 한결같이 흐르는 신선한 호흡은 자연과 동화同化 속에 삶을 영위하고자 하는 지순한 인간성을 발휘하고 있어 삶의 실존 의미를 더하고 있다고 하겠다.

다음 시 「하필이면」에서 까치 부부의 현장을 리얼하게 묘파하여 자연을 통해 삶의 생리를 체득하고 모성적 심리를 제시하며 인간으로서 고뇌하는 모습을 평범한 자연 현상에 비유했다.

> 가던 길 멈춰 서서
> 낯선 풍경에 가만히 눈을 준다
>
> 부러진 나뭇가지를 물고
> 외줄 타듯 오르내리는 까치 부부
>
> 하필이면 대로변의
> 가로수 꼭대기에 집을 짓는지
>
> 이제 난 안다
> 삶이 계획대로 되지 않는다는 것을
>
> 자연의 섭리를 거스를 수 없지만
> 초록의 숲으로 옮겨주고 싶은
>
> 간절함으로 둥지를
> 바라보는 마음이 뻐근하다
>
> ―「하필이면」 전문

이 시에서 시인이 밝히고자 하는 것은 시의 소재가 되는 대상들이다. '풍경'은 감상의 대상이 아니라 세상의 낯선 모습을 말하는 것으로 보인다. 시인은 가로수 꼭대기에 집을 짓는 까치 부부에 대한 현실적 상황을 애잔해하면서 삶의 의미를 새겨본다. "이제 난 안다"에서 경험의 가치를 고양하면서 그 구체성을 범속한 언어들로 전달하지 않는다. 삶은 단순한 유희가 아니라는 것을 알고 있기 때문이다. 언어로 집을 짓지 않으려는 시인의 태도는 까치 둥지를 초록의 숲으로 옮겨주고 싶은 것이다. '하필이면'의 서정은 간절함과 안타까움이 함께하는 비애미라고 할 수 있다.

  다음 시에서는 현실 속의 상황과 접할 때, 그것이 인간 실존을 향하게 되는 모티브가 되는 것을 볼 수 있다.

    벚꽃이 눈발처럼 휘날리던 날
    개미 한 마리가 원치 않은 동행을 했습니다.
    초행길의 낯섦으로 하얀 자동차 위를
    어지럽게 돌아다니더니
    겁 없이 운전대 앞 유리로 기어 올라왔습니다.
    도시의 한복판을 달리고 있던 위태로운 상황에
    솜털처럼 가벼운 생명을 살려보겠다고
    브레이크에 발을 옮겨 보았지만
    세상일이 어디 마음대로 되지는 않지요
    눈 깜짝할 사이에 사라져 버린 허무함으로
    차 안의 공기는 무거운데
    벚꽃은 얄밉도록 아름답게 흩날리더이다
    세상사 다 그런 거겠지요?

                  − 「어느 봄날에」전문

원치 않은 동행의 본질은 삶의 구체적 관련 속에서 불협화음을 해명하고자 하는 것으로 감지된다. 「어느 봄날에」는 자연을 자동차 위에 두는 결합방식으로 함께 공유하지 못하는 시적 간격을 의미한다. 하지만 이러한 현실적인 간격을 도시의 한복판에 놓여있는 자동차의 안과 밖에 두고 있는 것은 실제로 서로 멀지 않음을 의식하게 한다. 즉 결합하지 못하는 근원적인 문제가 시인의 독자적인 문제가 아님을 밝히기 위한 선택이며, 생사와 관련이 있기 때문이다. 독자의 환기를 위해 사용한 브레이크조차 마음대로 되지 않는 덧없는 삶을 섭섭해하면서, 그에 대한 해답은 이 무상한 현상세계를 그대로 받아들이는 것이다.

　　당신은 나무
　　나는 꽃이면 좋겠습니다

　　풀빛 아스라한 언덕에
　　오도카니 서서

　　잠자리 날개 같은 햇살의
　　바스락거리는 소리를 들으며
　　하늘 끝에서 피어나는 조각구름과
　　서산에 걸리는 붉은 노을을 보며

　　미소 지을 수 있는

　　당신이라는 나무에
　　기대어 사는

나는 작은 꽃이면 좋겠습니다

— 「당신과 나」 전문

시인에게 있어 진정성은 '당신과 나'의 원하는 것에 있다고 할 수 있다. 나무와 꽃의 관계로 존재를 지켜나가는 결합방식을 의미하며 단순하게 바라보는 대상이 아니다. 보고, 듣고, 감각하고 공감할 수 있는 서로의 접근성을 담보하고 있다. 그것은 순수한 '당신-나'의 관계를 상정하면서 자연에 동화되는 감정이입은 자족적이며 순수한 에로스로 해석된다. 이러한 과정에서 일상적인 언어의 차용이지만 '기대어 사는' 결합은 서로의 보완관계를 구성하는 관건이 되어 당신-나의 관계를 견디게 한다. 나무와 작은 꽃의 존재가 자기만의 의식이 아니라 함께하는 순수한 의식으로 존재하고자 하는 아름다운 갈망으로 그려진다. "너는 아니// 내 마음이 그런다 // 너 참 괜찮다고// 반짝임은 없지만// 별처럼 빛나 보이고// 바다같이 깊고// 하늘처럼 넓고 넓은// 내 마음이 그런다// 너 참 괜찮다고// 보면 볼수록// 너 참 괜찮다고"(「너는 아니」 전문) 말하는 절실함이 낭만적 동경으로 보이지 않는다. 자아 속에 내포된 진정성의 열망이며 간절함이다. "가끔은/ 엄숙하게 감당하고/ 때론/ 운명처럼 순응하고"(「너도 그러니」 일부)에서 뚜렷이 나타나는 궁극적인 욕망은 나와 더불어 가는 길을 함께 열고자 하는 것이다. 제목이 드러내는 이미지 '너도 그러니'는 '나도 그렇다'의 전제이므로 직접적인 환기에 대한 기대나 희망을 내포하고 있다.

내 마음에 호수가 있어
푸르고 깊은 호수가 있어

가장 먼 데서 온 새에게
그의 안부를 물었지

해답을 구하기 위해 떠난
가벼운 영혼의 안부를

불생불멸不生不滅 소멸로 깊어지는 곳
그곳은 침묵만 흘렀지

생의 지붕을 닫는
입으로 별들의 불을 끄고 잠드는

어떤 계절의 중력도 거부하는
봉인된 가슴속에 찰랑거리는 호수가 있지

— 「내 마음에 호수가 있어」 전문

「내 마음에 호수가 있어」에서 '내 마음'은 서정적 심정의 응축이지만 호수로 묘사되어 그리움의 확산으로 나아가게 한다. 가장 먼 데서 온 새에게 안부를 묻는 것은 간절한 기다림의 의미이며 해답을 갈구하는 적극적인 의미를 내포하고 있다. 은유와 달리 '~에게'라는 직유를 통함으로써 직접적인 목소리를 듣고 싶은 시인의 의도를 반영한 셈인데, 작위적 의도로써 "불생불멸不生不滅 소멸로 깊어지는 곳"으로 치환하여 자기 내부로만 응시하려는 의지를 드러낸다. 그곳의 침묵은 그리움의 고통을 이해하려는 이를 바깥에서 구하려는 것이 아니라 진술이 말하듯이 "생의 지붕을 닫는" 것으로서 감수성이 뛰어난 시인의 존재 양식이다. 이러한 존재 양식은 "봉인된 가슴속에 찰랑거리는 호수가 있지"라는 미묘한 마음을 그리움으로 승화시키려는 강한 의지를 표현하고 있다.

다음 시를 통하여 시인의 삶을 들여다보고자 한다. "삶의 여울목에서// 있는 그대로의// 나를 받아들이고// 흩뿌려진 마음 끌어모아// 끝없는 담금질로// 생의 날갯짓을 멈추지 않는 것// 휘어지고 꺾어지는// 저 여울의 소용돌이에// 새파랗게 질려도// 도도히 흘러가는 물처럼// 유연하게 즐겨 볼 일이다"(「나의 신념」 전문)의 의식은 깨달음이다. 절제가 아니고 있는 그대로를 받아들여 끝없는 담금질을 하겠다는 표현이 가볍지 않다. 인내와 기다림의 현실이 선명하지만 "도도히 흘러가는 물처럼"과 "유연하게"의 지향성은 성찰에 의한 발현방식이라 하겠다.

    세상이라는 넓은 바다에
    당신의 딸로 태어나
    가시밭길 같은 삶을 살라
    강요한 적 없건만
    지천명의 나이가 되어 보니
    삶은 별반 다르지 않습니다
    고통 없는 삶은 죽음이라 했던가요
    불안한 미래의 이불을 덮고 자는
    자식의 모습을 보며

속으로 앓으시다가
헛헛한 웃음을 길 위에
뿌리고 다니셨겠지요
그 마음을 이제야 헤아리며
여행을 가듯 훌쩍 떠나서
돌아오지 않는 빈자리를 기웃거려 봅니다
새벽부터 길을 나서 걸었던 그 길을
오고 가며 닿으려 해도 닿지 않으니
제 마음을 전할 수만 있다면
그것은 아마도……

- 「당신의 딸로 태어나」 전문

 이 시에서 이야기된 바와 같이 "지천명의 나이가 되어 보니/ 삶은 별반 다르지 않습니다"에서 '다르지 않다'는 것에 대한 의미는 '같다'를 수반한다. 실제 시인의 삶에서 자식의 모습을 대비시켜 아버지를 떠올리는 과정에서 깨달음과 반성이 담겨 있다. 내부와 외부가 교체하면서 그리워하는 대상을 진지하게 드러내지만, "오고 가며 닿으려 해도 닿지 않으니"는 대상과 함께 할 수 없는 마음이 담긴 비의秘義를 지니고 있어 간절한 그리움이 내포되어 있기도 하다. "내 기억의 끝에 집이 하나 있지/ 그곳으로 가는 길은/ 따스한 어머니의 품처럼/ 설렘으로 가득하고/ 휘어진 논두렁길 따라 걷다 보면/ 은은한 탱자 향기로 가득한 집이 하나 있지// 아궁이 잔불 속에 묻어둔 고구마를 꺼내/ 검은 재를 살살 털어 주시던/ 할아버지의 넉넉한 웃음이 있고/ 반질거리는 가마솥에/ 불을 지피는 등 굽은 할머니가 있지"(「집이 하나 있지」 부분)는 그것은 어머니를 향한 그리움으로 확산된 과거의 기억으로 진실을 추구하는 방식이다. '그립다'의 의식작용으로 쓰이고 있는 '집'의 현재 지점은 어디일까를 생각하게 하는 양식이 돋보인다. 마지막 시행에서 "피어오르는 집이 하나 있지"는 많은 의미가 응축되어 있다.

> 그러니까
> 그럴 때가 있습니다
> 어느 길로 갈지 알 수 없을 때
> 그럴 때는
> 온 마음을 다해 나를 돌아봐야 합니다
> 그래야만 길이 보입니다
> 마음의 문고리는 안에만 달려서
> 밖에서는 아무도 열지 못합니다
> 답은 내 안에 있으므로
> 내가 걸어온 길들을 돌아보며
> 스스로 찾을 수 있어야 합니다
> 멈추지 않고 끝없이 묻다 보면
> 바닥 모를 깊이에 이르는
> 어느 순간
> 내가 언제 웃게 되는지 알게 됩니다
> 살면서 앞이 캄캄할 때는
> 온 마음을 다해 나를 돌아봐야 합니다
> 그래야만 온전한 길이 보입니다
>
> ―「그래야만 길이 보입니다」 전문

이 시의 첫 행 "그러니까"의 말속에는 미세한 망설임이 있으며, 두 번째 행에서 "그럴 때가 있습니다"의 말속에는 단호함이 있다. 이것이 이 시의 개성이다. 시인은 감각적 언어의 기술을 선택하여 명징한 이미지를 구성해 나간다. "답은 내 안에 있으므로/ 내가 걸어온 길들을 돌아보며/ 스스로 찾을 수 있어야 합니다" 이러한 환기법이 완전한 자기 경험에서 나온 것이라고 간주해도 될 것이다. 확신으로 길의 방향을 제시하는 것은 시인이 끝없이 생각해온 바가 아닌가 여겨지며 길을 향해 가는 것은 목표이기 때문에 포기 말라는 격려가 내포하고 있는 듯하다. 그리하여 종결에서 자연스럽게 실현하는, "그래야만 길이 보입니다"는 의문을 차단하는 견고함까지 실려 있어 이해로 그치지 않고 삶에 대한 신뢰의 방향임을 확인한다.

 이러한 시인의 시적 의지는 다음 시에서 소통이라는 합을 제시하여 눈길을 끈다. "우주의 모든 존재는/ 하나라고 하는데/ 나는 나이고/ 너는 너의 논리/ 나는 네가 될 수 없고 / 너도 내가 될 수 없기에/ 나는 너를 인정하지 않고/ 나도 너를 존중하지 않는다/ 이분법적인 사고에/ 긍정도 부정도 할 수 없지만/ 복잡한 세상 속에/ 소통이라는 합을 넣으면/ 답이 있지 않을까"(「사고방식」 전문)에서 보이는 '나'와 '너'는 하나가 아니다. 분명히 둘임을 강조하고 있다. 그것의 장벽은 소통이 안 되는 것에서 발생한다고 단정 짓고 있다. 시인의 위치는 '나'도 '너'도 아닌 중간지점이며 소통을 통하여 합을 이루어 내려는 입장과 다를 바 없다. 자기를 표출한 사고방식은 너와 나의 정직성의 발로라고 하겠다. "나는 이것을 주머니에 넣고 다녔다/ 비만 오면 쓰러져 우는 풀섶에서도/ 이것을 놓치지 않았고// 번개 치는 들판을 맨발로 지나며/ 슬픔과 서둘러 작별하고/ 이것을 만지작거렸지// 과거의 상념 속에 빠져/ 한숨짓는 나를 일깨워/ 이것을 잃지 않으려 노력하고// 불행이 내 등 뒤에 바짝 붙어/ 깊은 바닷속으로 밀어 넣어도/ 이것을 움켜쥐고 뛰어들었지// 깊이를 알 수 없는 곳에서도/ 이것은 반딧불이처럼 빛나고 있었다"(「희망」 전문)에서 '이것'에 주목하여 따라가 보면 '이것'에 대한 장애가 많았음을 감지한다. 화자는 '이것'을 쉽사리 내주지 않으려는 의지와 욕망을 목격하면서 시의 전개 끝에서 '희망'을 포기하지 않음을 알 수 있다.

시인의 내부에 대한 검증이라고 할 정도로 흡입력이 강한 시라고 할 수 있다. '생의 계단'을 통해 희망을 재발견하기도 한다. "오르는 것을/ 포기하면/ 꺾어진 계단이/ 절망으로 보이고// 용기를 내어/ 도전하면/ 높은 계단이/ 희망의 사다리로 보인다"(「생의 계단」 전문)에서 희망은 도전이라고 현실적으로 심화시킴으로써 가닿음을 의식하게 한다.

    오락가락하는 세상살이
    마음이 콩처럼 볶이면
    냄비보다 더 빨갛게 달아올라
    불붙은 도깨비처럼
    머리채를 흔들며

진저리를 치는지
아무도 몰라, 그것을 몰라

아무렇지도 않은 척
여린 마음이 견뎌내야 할
일들이 얼마나 많았었는지
통통 튀는 마음
까맣게 태우지 않게
이 세상을 날뛰며 살아왔는지
아무도 몰라, 그것을 몰라

    ―「아무도 몰라, 그것을 몰라」 전문

 남경화 시인의 언어를 은밀히 음미해 보면 어떤 이치가 작용하고 있음을 느끼게 된다. 그것은 언어의 상징성에서 전해지는 것이기도 하여 특색을 추출하게 된다. 제목, "아무도 몰라 그것을 몰라"를 후렴으로 배치는 자각을 불러일으키는 것이라고 보아 지며, 가볍게 여길 수 없는 삶의 과정에서 경험의 의미라는 것으로 읽어내야 한다. "오락가락하는 세상살이"가 "아무렇지도 않은 척"해야 하는 것 또한 뻔히 알면서도 어쩔 수 없이 감내하는 이중적 모순을 시인의 감각과 언어로 새로이 경험한다. "버려도 버려도/ 버려지지 않는// 마음에 찬 서리가/ 하얗게 덮이면// 시기와 질투의/ 뿌리가 내려// 서릿발이 돋지/ 않게 하시며// 잔잔한 호수처럼/ 평온하게 하소서// 그리하여// 가을에는 스스로 부끄럽지 않은/ 열매가 되기를 소망합니다"(「가을의 기도」 전문)에서 자의적인 표현을 통해 변화를 이야기하고자 한다. "버려도 버려도/ 버려지지 않는다"의 토로는 버리고 버리지 않는다는 선택이 아니라 버리고 싶다는 시인의 지각적 갱신이다. 시인에게 있어 언어의 선택은 희망을 재건하는 뿌리가 되고 있다.

    톡톡 튀는 삶 속에
    불꽃처럼 타올라

    말로 표현할 수 없는
    중요한 것들을

    돌아볼 틈조차 없이
    놓치고 산다면

    새롭고 놀라운 자연의
    아름다움을 눈여겨보기를

    날마다 벌어지는 사소한 기쁨에
    지친 몸을 추스르고

    거창한 쾌락이 아닌
    소소한 즐거움을 찾기를

    삶은 우리를
    기다려주지 않기에

       - 「삶은 우리를 기다려주지 않기에」 전문

시인의 시는 현실에서 유린 되는 법이 없다. 언어가 상호 보완적인 구실을 하면서 하나로 합쳐져 전체를 형성하여 '삶'에 정착한다. 그러나 자세히 보면 삶 그 자체만을 추구하는 것이 아니라 자연을 통해서 확보한다. "새롭고 놀라운 자연의/ 아름다움을 눈여겨보기를" 스스로 권하며 자연과 인간의 결합방식을 "날마다 벌어지는 사소한 기쁨 / 지친 몸을 추스르는" 것으로 살아가는 방식에 집중시킨다. 경험을 동반한 이러한 특성은 삶은 우리를 기다려주지 않는다는 것에서 드러내고 있다.

> 나는 달린다
> 해마다 다시 시작하기 위해
> 달린다. 어디론가
> 그리고 또 달린다
>
> 고독한 전사戰士가 되어
> 미래라는 열매를 찾아
> 심장이 침묵하지 않게
>
> 거기에는 형체가 없는
> 무언가가 있으니까
> 아아, 그걸 본 적은 없지
>
> 어쩌면 겁에 질려 있었는지도
> 그러나 감지할 수는 있었지
> 주저앉으면 안 된다는 것을

나는 달린다
　　　끝없이
　　　끝없이

　　　　　　　　　　　　　 —「해마다」 전문

　「해마다」에서 시인은 새로운 근원을 찾고자 한다. 그것은 이미 있었던 것이 아니라 새로운 것으로 향하는 것이다. 재건하는 결합방식이지만 묘한 울림은 현실을 넘어서고자 하는 사유에 의한 것이 아닌가로 보아 진다. 미래는 생명 지향의 세계관이며 이러한 지향도 주저앉으면 안 된다는 인식과 동궤에 있는 것이다. 이와 다르게 "힘겹게 힘겹게 밀어내어도/ 알 수 없는 두려움만// 어디서 얽혀 버렸는지/ 마음이 갈피를 못 잡고// 절벽 끝에서 꺼져가는/ 등불처럼 깜박거린다."(「두려움」 일부)에서 시인은 문제의식을 과감하게 드러내어 형이상학적이라고 할 수 없는 현실을 드러내고 있다. 그러면서 "그랬겠다// 그랬겠구나// 그래서// 너 참 그랬겠구나// 그런데// 이제는 그렇지// 이제는 다 그렇게 된 거지// 그렇지// 그래, 그러자// 그래, 이제 우리 그러자"라는 새로운 의미의 창조는 문제의 틀에서 새로운 희망의 철학이 되고 있다.

　남경화 시인의 시의 구체성은 자기 성찰을 통해 일상을 새롭게 환기하려는 흐름이다. 환기의 매개는 독특한 언어 구사에 있으며, 자연을 통해 삶을 모색하는 진실성을 구성하고 있다. 이러한 흐름은 거듭나고자 하는 존재론에 해당한다. 나를 향하여 더 나아가 너를 향하여 희망을 재건하고자 하는 지향이 깔려 있어, 단단한 삶을 보여 주고 있다. 시인의 지평 확장안에 머무는 침묵의 목소리가 더 큰 울림이 되어 만나기를 기대한다.

내 마음에 호수가 있어

초판1쇄 발행 2024년 8월 20일

지은이 남경화
펴낸이 이길안
펴낸곳 세종출판사

주소 부산광역시 중구 흑교로 71번길 12 (보수동2가)
전화 051-463-5898, 253-2213-5
팩스 051-248-4880
전자우편 sjpl5898@daum.net
출판등록 제02-01-96

ISBN 979-11-5979-701-9   03810

이 책은 저작권법에 따라 보호받는 저작물이므로 무단전재와
무단복제를 금지하며, 이 책 내용의 전부 또는 일부 내용을 재사용하려면
사전에 저작권자와 세종출판사의 동의를 받아야 합니다.
* 책값은 뒤표지에 있습니다.
* 잘못된 책은 교환해 드립니다.